DÉLIRONS AVEC Léon !

UNE DÉCHARGE DE TRUCS HALLUCINANTS

NUMÉRO 6

PAR

ANNIE GROOVIE

MW01707625

Léon

Merci à
Benoit Pelletier,
un auteur humoristique
super cool

BOO!!!
Léon

EN VEDETTE :

LÉON › NOTRE SUPER HÉROS

Le surdoué de la gaffe,
toujours aussi nono et aventurier.

LE CHAT ›

Fidèle ami félin plein d'esprit.
On ne peut rien lui cacher.

LOLA ›

La séduisante au grand cœur.
Son charme fou la rend irrésistible.

CHERS AMIS,

Soyez les **BIENVENUS** à bord du sixième numéro de votre série *Délirons avec* **Léon** !

Au programme, toujours autant de TRUCS amusants, palpitants, intéressants et, parfois, c'est vrai, un peu **débiles** !

Vous savez, je travaille **FORT** pour que vous passiez de bons moments avec Léon. Si vous voulez m'aider à vous **COMBLER** pleinement, à vous en donner encore plus, eh bien, n'oubliez pas que vos **commentaires** sont **importants** et totalement appréciés.

N'hésitez donc pas à me dire **FRANCHEMENT** ce que vous pensez de ces petits bouquins afin que je puisse **répondre** le mieux possible à vos attentes et satisfaire vos plus beaux appétits de **folie**. J'ai vraiment à cœur de vous faire **plaisir** et de créer pour vous les livres que vous aimez. Alors exprimez-vous et écrivez-moi à l'adresse courriel suivante :
anniegroovie@cyberleon.ca

Merci, chers **FANS**, et bonne lecture !

Bye !

Annie Groovie

Table des matières

Ah, non !
Le serveur va
encore « planter » !

TÉLÉPATHIE

Salut !
Ça te dirait d'aller manger une crème glacée ?
Oui !
On y va !
Je pense qu'on se tient trop ensemble.
J'suis d'accord !

RECETTE FACILE

IL FAUT TROUVER LE COUPABLE

L'ARROSEUR ARROSÉ

Oups...
Eh, Léon ! Tu sais que tu fais un excellent balai !

QUELLE INSULTE !

CELUI QUI LE DIT, CELUI QUI L'EST

EMBALLÉ

Tiens ! Bonne fête !
Merci !
Wow ! Une boîte !
Merci, elle est belle !
Euh… C'est parce que ce n'est pas ça, le cadeau…
Il faut que tu l'ouvres…
Elle est vraiment belle !

Salut Léon !
Salut !
Peux-tu me dire quelle heure il est, s'il te plaît ?
Bien sûr !
Ah, non... Je me suis encore fait avoir !

Salut Léon !
Ah, Lola !
Aujourd'hui, on a appris les proverbes à l'école.
Ah, oui ?
Écoute ça : « Pierre qui roule n'amasse pas mousse. »
Wow, impressionnant !
Moi aussi, j'en connais un.
« Laveuse qui coule renverse plein de mousse ! »
Franchement...

JEU DE MAGIE NOIRE

La personne qui propose le jeu tient le rôle du magicien. Elle se choisit un assistant et lui explique le principe, en secret (voir plus loin...).

Le magicien quitte la pièce, et les spectateurs doivent s'entendre sur le choix d'un objet, en silence. Par exemple, vous pouvez désigner le bibelot en forme d'éléphant dans la bibliothèque. Tout le monde connaît donc l'objet sélectionné sauf le magicien, qui peut maintenant entrer dans la pièce.

L'assistant commence alors à le questionner en lui nommant et en lui pointant différents objets. Par exemple, il peut lui demander : « Est-ce cette table ? » Le magicien répond non. L'assistant poursuit : « Est-ce ce livre ? » Le magicien secoue la tête. Ça continue comme ça un certain temps, puis, à un moment donné, l'assistant nomme un objet qui est complètement noir. C'est le signal : l'objet choisi immédiatement après le noir sera le bon. Ainsi, l'assistant peut demander : « Est-ce la lampe *(noire)* sur le téléviseur ? » Le magicien répond : « Non. » Et finalement : « Est-ce le bibelot en forme d'éléphant dans la bibliothèque ? » Le magicien s'exclame : « Oui ! »

Le résultat est vraiment extraordinaire, les spectateurs n'en croient pas leurs yeux, et il est très rare que quelqu'un arrive à deviner le truc. Vous pouvez recommencer le jeu autant de fois que vous le désirez, en gardant toujours le même assistant, étant donné qu'il connaît déjà le secret !

Vrai ou faux ?

1. Il existe des gens capables de charmer les serpents à l'aide d'une flûte.

VRAI FAUX

2. Les chameaux ont deux paupières différentes pour chacun de leurs yeux.

VRAI FAUX

3. Le palmier n'est pas un arbre.

VRAI FAUX

4. À une certaine époque, en Italie, on mangeait des langues de flamants roses.

VRAI FAUX

5. Les deux tableaux les plus célèbres de Léonard de Vinci sont la **Mona Lisa** et la **Joconde**.

VRAI FAUX

6. La citrouille est le plus gros des légumes.

VRAI FAUX

7. On peut savoir la température qu'il fait en écoutant le chant des grillons.

VRAI FAUX

8. La chouette est la femelle du hibou.

VRAI FAUX

Réponses à la page 82

Énigme ?

Que suis-je ?

Quelque chose
qu'on cherche
rarement à retrouver
une fois qu'on l'a perdu...

Pensez-y bien, vous trouverez...

Réponse à la page 82

DOÙCÉQUECÉQUEÇAVIENT ?

POUR CONNAÎTRE L'ORIGINE DES CHOSES...
SELON LÉON ET SELON LES EXPERTS !

LA GOMME À MÂCHER

QUI DIT VRAI ?

A. Il y a 150 ans, dans la forêt amazonienne, un scientifique partit à la recherche d'une espèce de serpent très rare. Un matin, il s'en alla seul en expédition sans son équipe. Malheur, un tremblement de terre secoua la forêt, et deux arbres immenses lui tombèrent dessus. Il resta ainsi une semaine avant que son équipe le retrouve sain et sauf, mâchant une grosse chique de pâte molle ! L'homme avait survécu, complètement coincé, grâce à la sève des arbres tombés sur lui. Accablé par la faim et la soif, il avait décidé de goûter cette substance odorante. Elle lui avait permis de fabriquer de la salive tout en lui procurant un peu de sucre. Il rapporta cette sève dans son pays, où elle est devenue ce que nous appelons aujourd'hui la gomme à mâcher !

B. Depuis quelques milliers d'années, les Mayas mâchent des morceaux de sapotier, un arbre immense, pour muscler leur mâchoire. C'est vers 1860, aux États-Unis, que l'Américain Thomas Adams a pensé à mélanger du chiclé (issu du sapotier) avec de la résine, du sirop et du sucre pour fabriquer les premières gommes. Aujourd'hui, le chiclé naturel est remplacé par des produits artificiels.

Source : Wikipédia

Les Jeans

Qui dit vrai ?

A. Vers 1850, en plein cœur de la ruée vers l'or, une jeune femme de 15 ans, qui s'appelle Jean Blue, devient orpheline et doit trouver un moyen de gagner sa vie. N'ayant pas beaucoup d'argent, elle doit fabriquer elle-même ses vêtements tout en s'assurant qu'ils sont assez robustes pour le travail. Désespérée, elle ramasse un long morceau de tissu dans les poubelles derrière l'usine où elle travaille : il s'agit en réalité de matériel de recouvrement. Elle s'en fait une robe, la teint en bleu et la porte tous les jours. Ses collègues se moquent d'elle, mais rapidement, ils remarquent à quel point son vêtement résiste à l'usure. Ils commencent alors à lui demander de fabriquer leurs propres vêtements de travail. Elle obtient ainsi tellement de contrats qu'elle finit par fonder un atelier de confection de vêtements auquel elle donne son nom : Blue Jean. La compagnie est toujours prospère aujourd'hui.

B. Le jean viendrait du matériel avec lequel on fabriquait les tentes à l'époque de la ruée vers l'or. On avait besoin de fournir des vêtements plus robustes aux travailleurs. Un certain M. Levi Strauss observe le matériel avec lequel on crée les tentes et décide d'en faire un pantalon. Vers 1860, Levi Strauss remplace la toile de tente par du coton bleu, aussi résistant. C'est ainsi qu'est né le blue jean !

Source : Wikipédia

Elle est bonne !

Pourquoi les manchots sont-ils les oiseaux les moins courageux ?

Parce qu'ils ne peuvent pas prendre leur courage à deux mains...

Léon arrive près du Chat et lui dit :
« Je reviens de l'hôpital. Ça va très mal !
– Et pourquoi donc ? demande le Chat.
– Tout le monde est malade ! »

Le Chat déclare qu'il est, lui aussi, malade.
« Que vas-tu faire ? demande Léon.
– Je dois trouver du sirop pour matou ! »

Saviez-vous que les plombiers étaient très utiles aux policiers ?

Ils ont toujours un bon tuyau à leur donner.

Léon demande à Lola si le Chat connaît des langues étrangères. Elle répond qu'il parle très bien le chien. Léon, surpris, demande comment il s'y prend.

« Facile, dit Lola. D'abord, le Chat verse du lait dans une soucoupe.

– Ensuite ? demande Léon.

– Il la boit... »

Léon est toujours vigilant la nuit. Il ne dort que d'un œil !

Léon, Lola et le Chat sont en bateau. Au loin, ils aperçoivent une île où un homme qui a une longue barbe saute et fait toutes sortes de grands signes.

« Qui est-ce ? demande Lola à Léon.

– Je ne sais pas, mais chaque fois que nous passons ici, c'est la même histoire... »

VIRELANGUES

À prononcer le plus rapidement possible...

Voici le siège où Serge cherche
sans cesse à s'asseoir pour jouer
à la chasse. Sachez que ce cher
Serge joue souvent sans son chat.

La fève favorite de Flavie vire
au rouge vif en février, sans
le fla-fla frivole des fleurs.
Enfin, c'est son avis.

Ma maman m'a malheureusement
menti, mais mon amie Mimi me l'a dit,
malgré maints maux de mâchoire.

Danses-tu tant que tu dois
tout le temps dompter ton toutou
tout doux qui tantôt tentait
de faire dodo sur ta doudou ?

Si six cyclopes s'y mettent,
si petits soient-ils, ils sauront
se singer sans souci, de leur
seul sourcil.

La vie «groovie» d'
Annie
SECRETS
En tournant cette page, vous entrerez dans un monde secret, mais attention, pas n'importe lequel, celui d'Annie Groovie !

DISCO ROULE

J'avais 10 ans et toutes mes dents. Bon, c'est rare qu'à 10 ans on n'ait pas toutes ses dents, mais je me le rappelle particulièrement bien, puisque je venais de me faire poser des broches. Ce qui me dérangeait, en plus du fait que ce n'était pas très élégant, c'était surtout qu'il fallait que je les porte si longtemps : un an et demi, selon mon orthodontiste. Heureusement, comme il m'avait dit, ce n'était pas aussi grave qu'avoir des béquilles. Essayez de faire des activités en béquilles, pour voir !

À l'époque, la mode, c'était de faire du patin à roulettes. Détrompez-vous, ce n'était pas des patins à roues alignées comme aujourd'hui ! Dans le temps, nous avions des patins avec de grosses roues larges, deux de chaque côté du pied. Et les freins étaient à l'avant. Pas très pratique, si vous voulez mon avis...

Lorsqu'on faisait du patin à roulettes et qu'on voulait être à la mode, il fallait aller au DISCO ROULE. C'était comme une patinoire dans un aréna, mais sans glace et bien mieux chauffé ! Il y avait de la musique, un DJ, des machines à chips et à friandises... Mes amis disaient que c'était le meilleur moyen de passer le temps par un samedi après-midi pluvieux. !!

Moi qui n'avais jamais chaussé de patins à roulettes, j'hésitais à y aller. Portant, je me suis convaincue : après tout, j'étais gymnaste, donc j'avais le sens de l'équilibre... Patiner ne devrait pas me poser de problèmes ! Nous sommes donc partis pour le DISCO ROULE, mes amis et moi, un samedi après-midi. Tout était comme ils l'avaient décrit : la musique, les machines à chips... mais ils ne m'avaient pas parlé des centaines d'autres patineurs qui occupaient l'espace ! Mes amis ont loué leurs patins et ont sauté sur la piste. Moi... j'ai loué mes patins, je les ai attachés bien comme il faut, je me suis levée doucement, pour tester mon équilibre... et je suis tombée sur les fesses !

J'ai regardé autour de moi pour voir si mes amis m'avaient vue tomber. Non. Ils s'amusaient déjà sur la piste. Alors, je me suis relevée et j'ai pris mon courage à deux mains. Je suis montée sur la piste.

Ça allait ! Je n'étais vraiment pas mauvaise ! Évidemment, je devais avoir l'air bizarre avec mes bras qui se balançaient dans tous les sens, parce que je cherchais continuellement mon équilibre... Mais je restais debout. Même que j'avançais ! Malheureusement, le DJ a dû me remarquer et penser qu'il allait bien s'amuser. Il a crié dans son micro : « OK, tout le monde, on change de côté ! »

Sauf que moi, je ne savais pas comment faire pour changer de côté... En fait, je ne savais pas comment arrêter non plus... Soudain, je me suis retrouvée devant un mur de gens qui avaient tous pu, eux, changer de côté... Mon heure avait sonné. Je me suis préparée au pire... et VLAN ! J'ai foncé dans un parfait inconnu, bouche ouverte, dents devant...

Quand nous nous sommes relevés, je n'ai pas pu m'empêcher de rire. Le garçon avait, imprimées sur son front, les marques de mes broches ! Je suis partie en vitesse... Je me disais qu'il devait sûrement avoir une dent contre moi.

Mais le plus étonnant, c'est que, lorsque je suis retournée chez mon orthodontiste, il m'a appris une heureuse nouvelle. Mes dents s'étaient miraculeusement replacées depuis la dernière fois ! Dans ma tête, le calcul a été rapide : j'ai réalisé que l'inconnu du DISCO ROULE était en fait mon sauveur ! Grâce à lui, j'allais bientôt être libérée de ces affreuses broches !

FIN

Camé-Léon !

C'est bon, la neige.
Par contre, ça manque de, de...
... ça manque un peu de sucre !

PETIT SERVICE...

ÇA TOMBE BIEN !

VIVE LES TEMPÊTES DE NEIGE !

VIENS JOUER DEHORS !

AH, LA NEIGE...

Ah, la neige, c'est féerique !
Tout est recouvert de belle neige blanche.
C'est vraiment magnifique !
Euh... oups !
C'est laquelle, ma maison, déjà ?

Pause
pub

L'EAU DE TOILETTE

URINEL N° 5

QUE FAIRE DE VOS 10 DOIGTS À PART GRIMACER...

IMPRESSIONNEZ VOS AMIS AVEC LA CHIROMANCIE !

Matériel nécessaire : la main gauche (la droite peut être utile pour tenir ce livre), notre guide et beaucoup d'imagination.

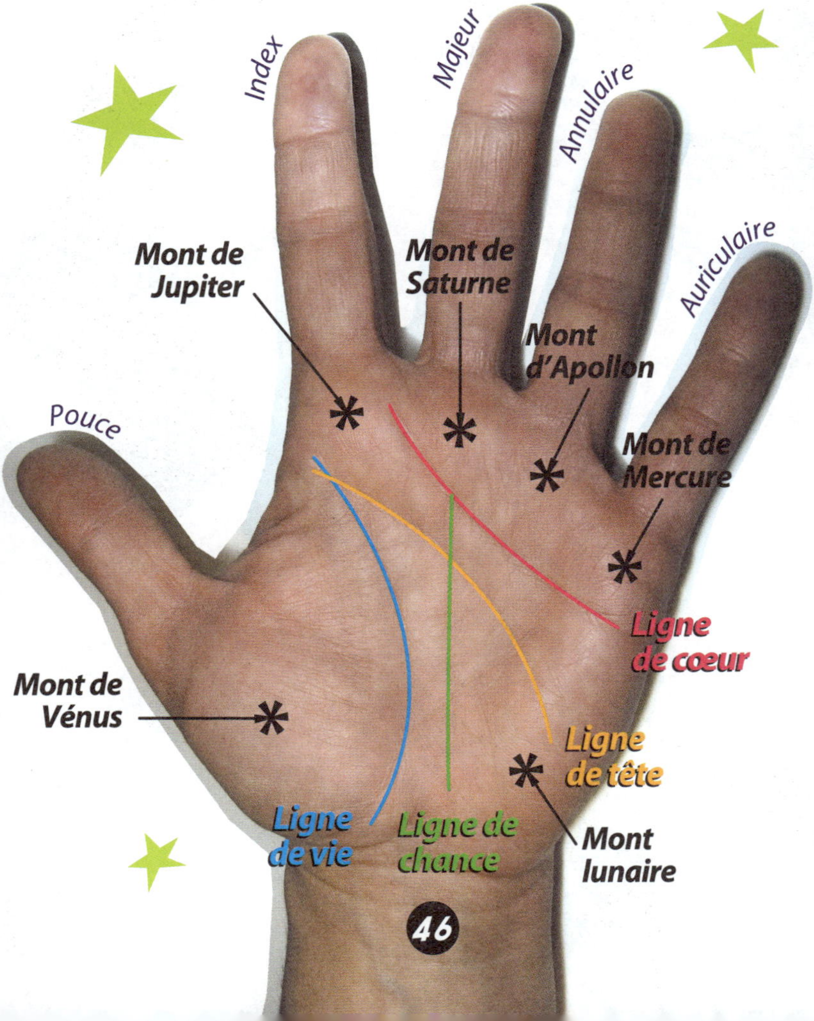

VOS DOIGTS = VOTRE POTENTIEL

- **Le pouce** : force de caractère
- **L'index** : ambition
- **Le majeur** : vertus
- **L'annulaire** : imagination
- **L'auriculaire** : sociabilité

LES LIGNES = VOTRE PERSONNALITÉ

- **La ligne de vie** : intensité et santé
- **La ligne de cœur** : amour de soi et des autres
- **La ligne de tête** : logique et concentration
- **La ligne de chance** : succès

LES MONTS = VOTRE TEMPÉRAMENT

- **Le mont de Jupiter** : sens des affaires
- **Le mont de Saturne** : sens des responsabilités
- **Le mont d'Apollon** : sens artistique
- **Le mont de Mercure** : sens de la communication
- **Le mont lunaire** : sens du romantisme

CONSEILS PRATIQUES

Tentez de trouver où vous en êtes sur votre ligne de vie et d'expliquer votre enfance pour extrapoler et deviner votre avenir. Prenez également en compte le fait que votre main évoluera et changera tout au long de votre vie. Vous êtes les maîtres de votre destinée !

Exemples :

Si votre mont d'Apollon est plus bombé que les autres, vous avez probablement un tempérament d'artiste. Et si votre mont lunaire est plat, vous n'êtes peut-être pas très romantiques !

EN CONCLUSION

Vos mains sont uniques et vous ressemblent probablement plus que vous ne le croyez. Dépendamment de la taille de vos doigts et des monts, de la profondeur et de la forme des lignes de votre main, celle-ci peut trahir certains traits de votre personnalité. Observez, questionnez et laissez votre main parler !

TEST : CONNAISSEZ-VOUS BIEN LA GÉOGRAPHIE ?

1. Quel pays a la forme d'une botte ?

A. La France
B. L'Italie
C. La Suisse
D. L'Espagne

2. Quel océan sépare le Canada de la France ?

A. L'océan Pacifique
B. L'océan Indien
C. L'océan Atlantique
D. L'océan Antarctique

3. Lequel de ces pays n'est pas une île ?

A. L'Islande
B. L'Australie
C. L'Indonésie
D. La Bolivie

4. Où se situe le célèbre mont Kilimandjaro ?

A. En Afrique
B. En Amérique du Sud
C. Aux États-Unis
D. En Nouvelle-Zélande

5. Lequel de ces États américains est le plus au sud ?

A. La Floride
B. Le Vermont
C. La Californie
D. Le Colorado

6. Où la forêt amazonienne se trouve-t-elle ?

A. En Afrique
B. En Amérique du Nord
C. En Amérique du Sud
D. En Asie

7. Quel est le plus grand pays de l'Amérique du Sud ?

A. La Colombie
B. Le Brésil
C. Le Pérou
D. Le Venezuela

8. Où le Grand Canyon est-il situé ?

A. Au pôle Nord
B. Au Japon
C. Au Québec
D. Aux États-Unis

9. Dans quel pays se trouve la ville de Vancouver ?

A. Au Japon
B. Au Canada
C. Au Vietnam
D. Au Portugal

10. Trois des éléments de cette liste sont des fleuves. Quel est l'intrus ?

A. Le Danube
B. Le Nil
C. Le Mississippi
D. Le Papillon

11. Quelle est la capitale de la Thaïlande ?

A. Tokyo
B. Pékin
C. Bangkok
D. Séoul

12. Laquelle de ces îles se trouve dans l'océan Pacifique et appartient aux États-Unis ?

A. Hawaii
B. Cuba
C. Islande
D. Madagascar

13. Qu'est-ce que le Vésuve ?

A. Un des grands lacs canadiens
B. Un volcan en Italie
C. Une montagne en Suisse
D. Un désert en Afrique

14. Quel est le plus grand désert du monde ?

A. Le Sayonara
B. Le Salada
C. Le Sahara
D. Le Samantha

15. Lequel de ces continents est presque entièrement recouvert de glace ?

A. L'Antarctique
B. L'Océanie
C. L'Afrique
D. L'Asie

Réponses à la page 82

RÉSULTATS DU TEST

Entre 12 et 15 bonnes réponses :
Bravo ! Votre connaissance des pays du monde est vraiment excellente. Je vous souhaite beaucoup de beaux voyages !

Entre 9 et 12 bonnes réponses :
C'est vraiment très bien ! Vous devez avoir de bonnes notes en géographie !

Entre 6 et 9 bonnes réponses :
C'est quand même bien, étant donné que ce test n'était pas des plus faciles !

Entre 0 et 6 bonnes réponses :
J'avoue que, vu le degré de difficulté, ce résultat n'est pas nécessairement catastrophique. Le but du test était aussi de vous apprendre plein de trucs. Vous serez meilleurs la prochaine fois !
Ne lâchez pas la patate !

Le Métier Super Cool

Auteur humoristique

Benoit Pelletier

Il nous fait rire depuis 15 ans. Il écrit des blagues, entre autres pour Mario Jean, Claudine Mercier, Martin Matte, François Morency, Dominic et Martin et Stéphane Fallu. Il a collaboré à l'écriture de plusieurs galas Juste pour rire, cinq galas Les Olivier, un gala des prix Gémeaux, deux galas Artis, ainsi qu'au talk-show Merci bonsoir et à des émissions spéciales. Depuis quelques années, il travaille à des scénarios de films, dont Idole instantanée (mettant en vedette Claudine Mercier).

• EN QUOI CONSISTE SON MÉTIER ?

À inventer des blagues toute la journée, durant toute l'année, pour nous faire rire !

• COMMENT EST-IL DEVENU AUTEUR HUMORISTIQUE ?

À 10 ans, il sait qu'il veut écrire. Il a autant de pensées aventurières que d'idées de romans. Il écrit TOUT dans un calepin. Il étudie en communication à l'université, puis il travaille dans une agence où il conçoit des annonces publicitaires. Il gagne bien sa vie, il est heureux, mais il se pose des questions sur son orientation professionnelle et il réalise qu'il veut faire rire. À 29 ans, il décide de demander à Claudine Mercier s'il peut lui écrire des blagues. Elle lui dit oui !

• QU'EST-CE QU'IL TROUVE LE PLUS COOL DANS SON MÉTIER ?

Avoir du fun. Parce que s'il n'en a pas, son travail et ses blagues ne sont pas drôles. Il aime faire rire les gens, et ça le rend fier. Surtout lorsqu'il entend ses mots, dans la bouche d'humoristes, juste avant qu'une salle de spectacle éclate de rire. Ces moments-là sont magiques, et ça, c'est vraiment super cool.

• QU'EST-CE QU'IL TROUVE LE MOINS COOL ?

Écrire seul sans savoir exactement ce que les gens vont faire de ses textes. Par exemple, sur 100 blagues écrites, il arrive que seulement 10 soient retenues, et ce n'est pas Benoit qui les choisit. C'est l'artiste qui les sélectionne et qui les essaie devant le public, lequel rend ensuite son propre jugement en riant ou non. Quand Benoit écrit pour la télévision ou le cinéma, les réalisateurs et les comédiens ont parfois une manière différente de comprendre et de raconter ses blagues. Il a quelquefois envie de dire : « Voyons, ce n'est pas comme ça que ça se dit ! » Ça fait partie des choses moins cool dans son métier.

• COMMENT FAIT-ON POUR AVOIR DE BONNES IDÉES ?

Premièrement, tout le monde peut avoir des idées… mais rares sont les gens qui écoutent la petite voix intérieure qui les leur murmure ! Deuxièmement, il faut s'exercer à en trouver plein et ensuite savoir reconnaître les bonnes et les moins bonnes. Ainsi, lorsqu'il a une idée (un flash, une image ou une phrase qui le fait rire), Benoit l'écrit sur ce qu'il trouve à portée de main. Rendu chez lui, il vide ses poches et dépose ses papiers dans une corbeille à idées. Plus tard, il les regarde une par une et se demande lesquelles ont le potentiel de devenir un bon sketch, une bonne blague ou même un bon film.

Benoit a remporté un **Olivier** dans la catégorie Auteur grâce à sa collaboration au spectacle Simplement… Mario Jean.

• QUE FAUT-IL POUR DEVENIR UN BON AUTEUR HUMORISTIQUE ?

La recette est simple : plus on écrit, mieux on écrit. On doit le faire beaucoup, s'impliquer par exemple dans les journaux étudiants, inventer des histoires… Notre spécialiste vous suggère un exercice : regardez une émission de télé, mais sans le son. Amusez-vous à inventer les dialogues des personnages, une histoire à partir de ce que vous voyez. De plus, pour devenir auteur humoristique, il faut accepter de donner ses textes. L'auteur humoristique est invisible. Il fait rire, mais on ne le voit pas !

• EXISTE-T-IL DES ÉCOLES POUR APPRENDRE L'ÉCRITURE HUMORISTIQUE ?

Oui ! Un établissement de Montréal propose un concept unique au monde : l'École nationale de l'humour. Chaque année, peu d'étudiants y sont acceptés, mais selon Benoit, ceux qui y suivent une formation en écriture humoristique se trouvent facilement une place sur le marché du travail. L'humour est présent partout au Québec, et cette industrie a besoin d'auteurs pour nous faire rire !

• A-T-IL UNE ÎDÔLE ?

Oui, Pierre Richard, un comique français très populaire dans les années 1970-1980. Imaginez-vous qu'il y a cinq ans Benoit s'est fait proposer d'écrire un film avec Pierre Richard, qui y tiendra le rôle principal. Le long métrage, qui sera tourné en 2008, aura pour titre Le bonheur de Pierre. Un processus qui aura demandé cinq ou six ans...

• A-T-IL DES CONSEILS POUR LES INTÉRESSÉS ?

Croyez en vous, connaissez-vous et persévérez ! Il ne faut jamais faire les choses à moitié, sinon on perd son temps et on ne va pas au bout de ses idées, de ses rêves. Alors, plongez la tête la première !

Le saviez-vous ?

L'hiver, sur la planète Uranus, dure 21 ans. Heureusement, l'été aussi ! Suffit de bien planifier ses vacances...

Léonard de Vinci pouvait écrire d'une main et dessiner de l'autre... en même temps.

L'eau chaude gèle plus rapidement que l'eau froide.

TERRAIN DE JEUX

SOLUTIONS À LA PAGE 82

Pâtati pâtata

Identifiez les pâtes suivantes.

1. Tortellinis
2. Spaghettis
3. Fusillis
4. Lasagnes
5. Pennes
6. Macaronis
7. Fettuccinis

A. ______

B. ______

C. ______

D. ______

E. ______

F. ______

G. ______

TROUVEZ L'OMBRE QUI CORRESPOND À CE DESSIN.

A

B

C

D

E

F

LES 15 ERREURS

APRÈS

DE QUOI S'AGIT-IL ?

Pouvez-vous trouver ce que ces groupes de mots ont en commun ?

1. Cyan • Magenta • Ocre

R : ______________________

2. Rabot • Étau • Perceuse

R : ______________________

3. Flétan • Tilapia • Turbot

R : ______________________

4. Triangle • Baguette • Tapis

R : ______________________

5. Catamaran • **Bluenose** • Yacht

R : ______________________

RELIEZ LES POINTS

Qui va à la chasse trouve les réponses !

Les réponses à ce chassé-croisé se trouvent un peu partout dans le livre. Bonne chasse !

1. Comment appelle-t-on les phrases difficiles à prononcer ?
2. Que cuisine Léon dans une des BD ?
3. Combien devez-vous trouver d'erreurs dans le jeu portant ce nom ?
4. Que sont la Grande et la Petite Ourse ?
5. Que trouve le Chat au bord de la mer ?
6. Un mot dans le sous-titre du livre...
7. De quoi est-il question dans la section « Que faire de vos 10 doigts... » ?
8. Que Léon croit-il avoir reçu en cadeau de la part de Lola dans une des BD ?
9. Selon une des farces, quels sont les gens qui sont très utiles aux policiers ?
10. Le jean viendrait du matériel avec lequel on fabriquait quoi ?
11. Comment dit-on de s'habiller quand il fait froid ?
12. Quel animal obtient-on en réussissant le jeu « Reliez les points » ?

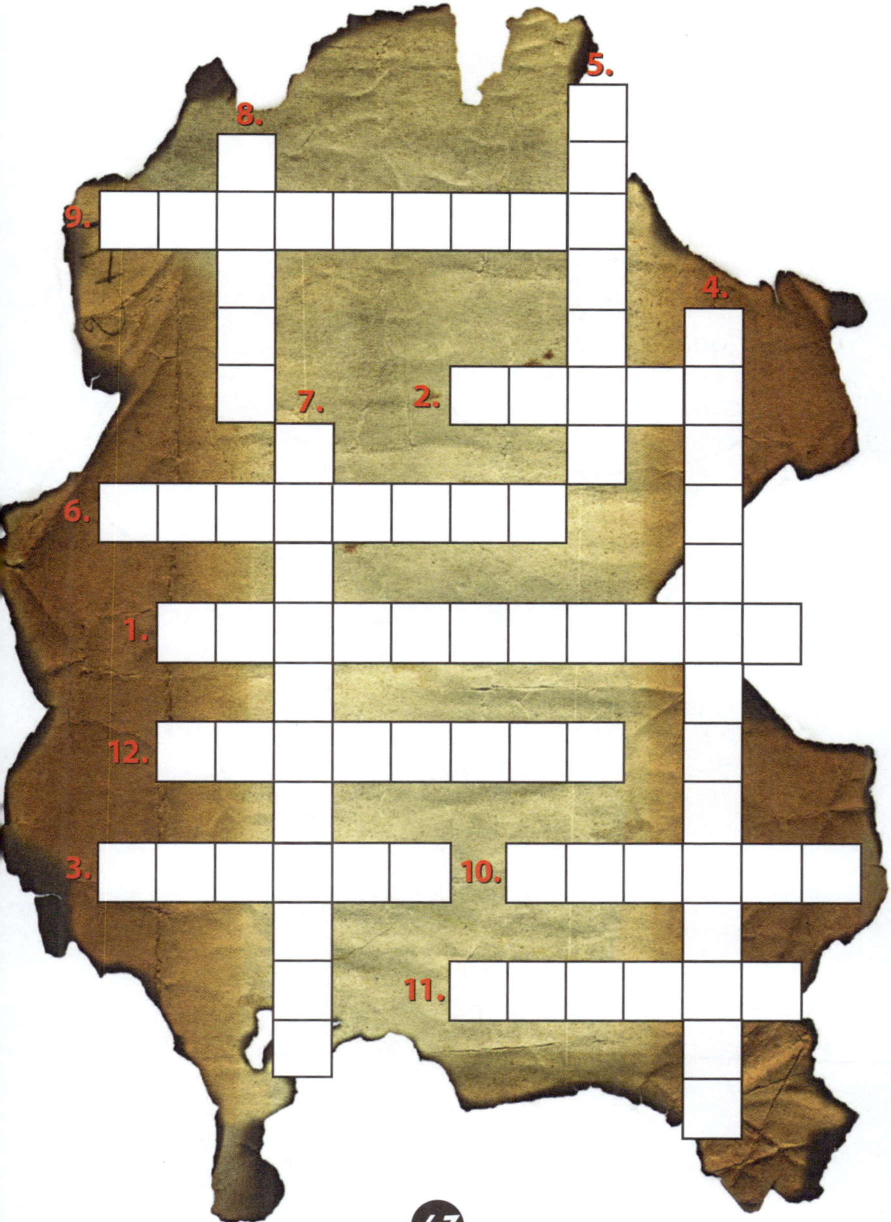
5.
8.
9.
4.
7.
2.
6.
1.
12.
3.
10.
11.

Il paraît que, quand il fait froid, on doit s'habiller comme un oignon !
Je ne vois pas le rapport...

AYEZ L'AIR INTELLIGENTS

en repérant les constellations !

Parce que c'est toujours agréable
d'entendre quelqu'un nous parler des étoiles...

Sachez qu'en vous tournant vers le ciel vous pouvez admirer, à partir de notre hémisphère, environ 2 600 étoiles. Depuis le début des temps, les êtres humains relient certaines d'entre elles par des lignes, créant ainsi des figures que l'on nomme **constellations**.

Nous vous proposons d'épater la galerie en vous montrant comment reconnaître deux constellations que vous pourrez observer à l'œil nu, toute l'année.

La Grande Ourse

C'est la plus grande des constellations et la plus facile à reconnaître.

- Forme : grande casserole
- Nombre d'étoiles qui la constituent : au moins sept
- Étoile la plus brillante : Alioth

(Ces étoiles sont à 80 années-lumière de nous !)

La Petite Ourse

Elle ressemble beaucoup à la Grande Ourse, mais elle est plus petite.

- Forme : petite casserole
- Nombre d'étoiles qui la constituent : au moins sept
- Étoile la plus brillante : Étoile polaire*

*Elle est à 470 années-lumière de nous. C'est une étoile géante.

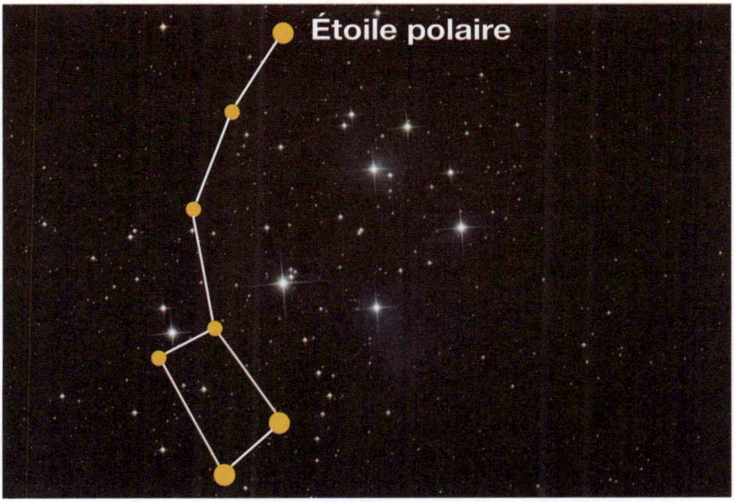

Chaque soir, les constellations semblent changer de position. Soyez sans crainte, vous n'êtes pas victimes d'une hallucination, c'est simplement que la Terre poursuit sa rotation sur son axe et autour du Soleil.

Sources : FÉDÉRATION DES ASTRONOMES AMATEURS DU QUÉBEC et WIKIPÉDIA

BONNE ACTION

!
Hé ! Regarde ce que j'ai trouvé !
C'est quoi ?
Un fossile de poisson !
Je ne savais pas que les poissons portaient des faux cils !

Salut Lola !
Allô !
Voudrais-tu venir avec moi au cinéma ?
Désolée, je ne peux vraiment pas...
... j'ai d'autres chats à fouetter.
QUOI ! Depuis quand es-tu aussi sadique ?
!
Je vais dire ça au Chat tout de suite !
Mais non, Léon ! Attends, c'est une expression... Léon ?

CODE SECRET

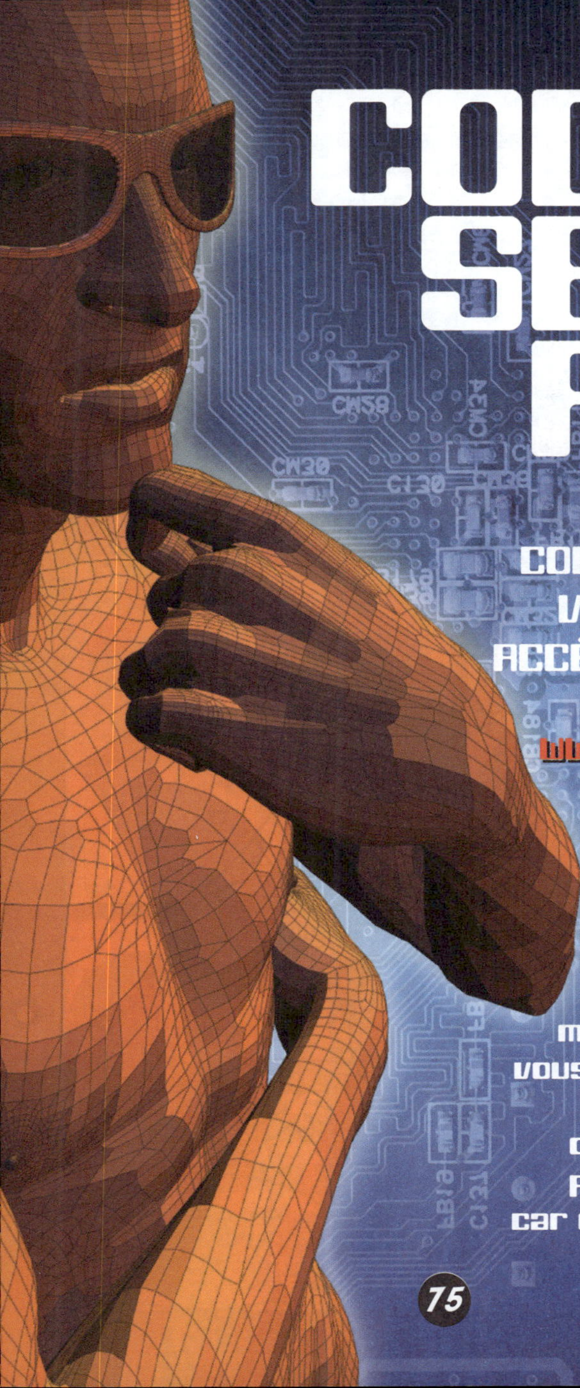

TROUVEZ LE CODE SECRET ET VOUS POURREZ ACCÉDER AU JEU 6 SUR LE SITE WWW.CYBERLEON.CA

Si ça ne fonctionne pas, malheureusement, vous devrez trouver par vous-mêmes où vous auriez pu faire une erreur, car on ne vous donne pas la solution...

Samuel Finley Breese Morse, plus connu sous le nom de Samuel Morse, était un peintre américain, inventeur du télégraphe électrique et de l'alphabet qui portent son nom. Il est né le 27 avril 1791 à Charlestown, Massachusetts, et est mort le 2 avril 1872 à New York.

Code morse

A	• —	N	— •
B	— • • •	O	— — —
C	— • — •	P	• — — •
D	— • •	Q	— — • —
E	•	R	• — •
F	• • — •	S	• • •
G	— — •	T	—
H	• • • •	U	• • —
I	• •	V	• • • —
J	• — — —	W	• — —
K	— • —	X	— • • —
L	• — • •	Y	— • — —
M	— —	Z	— — • •

À l'aide du code morse, déchiffrez le message codé suivant :

Les points =  **les tirets =** 
et ____ = espace entre deux lettres.

1er mot :

2e mot :

3e mot :

4e mot :

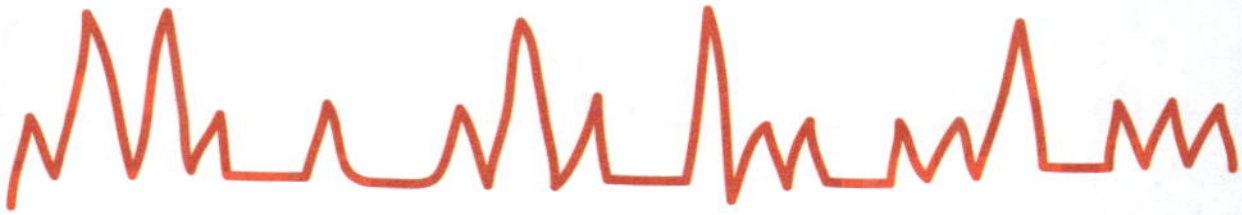

5^{e} mot :

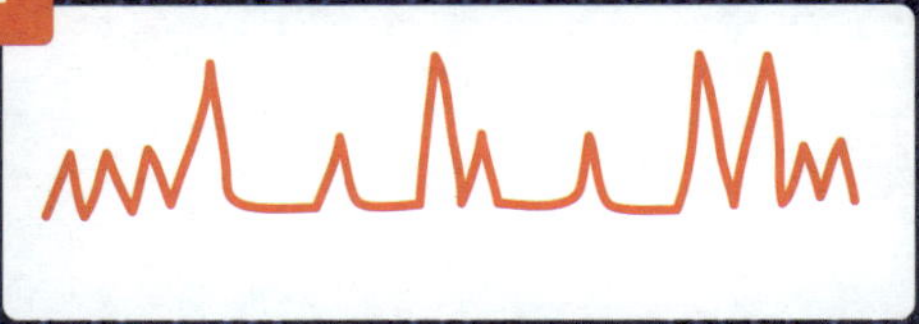

6^{e} mot :

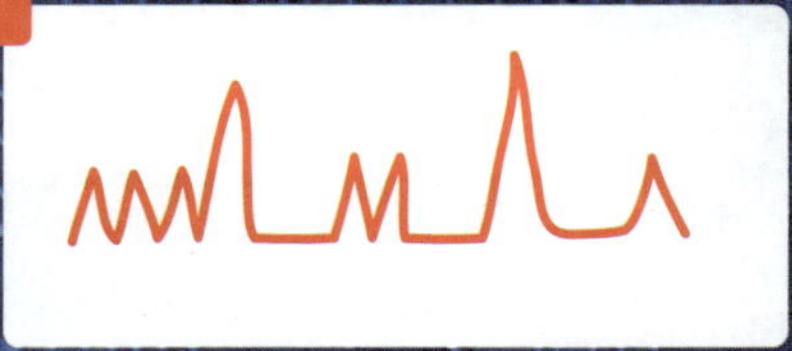

7^{e} mot :

8^{e} mot :

CODE SECRET

1er mot :

2e mot :

3e mot :

4e mot :

5e mot :

6e mot :

7e mot :

8e mot :

Entrez vite ce code sur cyberleon.ca !

Annie Groovie à votre école

Cool!

Eh oui, Annie Groovie fait des tournées dans les écoles ! Vous trouverez toute l'information sur le site internet www.cyberleon.ca.

À bientôt peut-être !

Annie Groovie voit le jour le 11 avril 1970, à 19 h 15, en plein souper de cabane à sucre. Elle grandit heureuse et comblée à Québec. Très tôt, elle développe un goût profond pour la création (et pour les sucreries...). Dès l'âge de huit ans, elle remporte son premier concours de dessin, grâce à son originalité.

Annie est diplômée en arts plastiques et bachelière en communications graphiques. Elle exerce le métier de conceptrice publicitaire depuis plusieurs années à Montréal, où elle habite depuis 1994 (eh oui, elle vieillit...).

Annie est une grande adepte de la gymnastique ainsi qu'une mordue de cirque et d'acrobaties de toutes sortes. En 1997, elle est sélectionnée par le Cirque du monde et part trois mois au Chili pour enseigner les arts du cirque aux enfants de la rue.

En 2003, Annie Groovie se découvre une toute nouvelle passion : la création de livres pour enfants. Aujourd'hui, les albums consacrés à son personnage de Léon « roulent » à merveille. Elle a un projet de dessins animés en production, et vous tenez présentement le sixième numéro d'une série de livres tout à fait délirants !

SOLUTIONS

P. 49-52

1. B
2. C
3. D
4. A
5. A
6. C
7. B
8. D
9. B
10. D
11. C
12. A
13. B
14. C
15. A

P. 26-27

B et B

P. 62-63

1. Les pattes de derrière de la table sont plus courtes.
2. Il manque un des pieds de Léon.
3. Il manque un raisin vert.
4. Un étage de confiture dans le gâteau aux cerises a disparu.
5. Il manque une garniture rose sur une des boules de crème glacée.
6. On a enlevé un morceau de crème glacée dans la coupe.
7. Il manque une petite queue sur la grappe de raisins bleus.
8. Il manque un nœud de la serviette que Léon porte autour du cou.
9. Le trait sur la langue de Léon n'est plus là.
10. Le bout du manche de la cuillère a disparu.
11. Il manque une ligne dans la grande assiette du gâteau au chocolat.
12. Le biscuit en forme de cylindre, dans la coupe de crème glacée, est uni.
13. Il manque un trait de la ligne de sol entre deux pattes de table.
14. La queue de la cerise est plus courte sur le gâteau aux cerises.
15. Le niveau de lait dans le verre a baissé.

P. 64

1. Des couleurs
2. Des outils
3. Des poissons
4. Des éléments du billard
5. Des bateaux

P. 22-23

1. **Faux** Le serpent est SOURD ! Il n'entend pas du tout la musique que joue le charmeur, mais il suit plutôt les vibrations produites par les pieds de celui-ci, qui battent la cadence.

2. **Faux** Ils en ont trois différentes, dont deux qui ont des cils. La troisième est pratiquement transparente et leur permet de voir même si elle est fermée. Une excellente protection contre le sable !

3. **Vrai** Il a l'air d'un arbre, avec ses 20 à 30 mètres de haut et ses larges feuilles, mais si l'on regarde de plus près, le palmier est en fait une énorme plante verte !

4. **Vrai** La recette fut inventée par le Romain Marcus Gavius Apicus, vers l'an 25 avant J.C., et on la préparait surtout pour les grands banquets, pour les rois et les gens puissants de l'Empire.

5. **Faux** Ces deux noms désignent en fait le même tableau.

6. **Faux** La citrouille est un fruit.

7. **Vrai** Si on compte le nombre de bruits qu'émettent les grillons en huit secondes et que l'on ajoute quatre, on obtient la température qu'il fait en degrés Celsius.

8. **Faux** Ce sont deux espèces différentes de rapaces qui vivent la nuit.

P. 60

A. 4
B. 7
C. 6
D. 5
E. 3
F. 2
G. 1

P. 24

DU POIDS !

P. 61

E

P. 66-67

1. VIRELANGUES
2. JELLO
3. 15
4. CONSTELLATIONS
5. FOSSILE
6. DÉCHARGE
7. CHIROMANCIE
8. BOÎTE
9. PLOMBIERS
10. TENTES
11. OIGNON
12. MAMMOUTH

L'ARCHIPEL DES RÊVES

Rien ne va plus
sur l'île d'Aurélie !
Dans le monde des rêves,
tout est possible,
rien n'est gagné.

ISBN 978-2-89021-888-8
ISBN 978-2-89021-890-1
ISBN 978-2-89021-889-5

GRATUIT !

Pour mieux connaître la série.

Guide de survie de L'archipel des rêves

Demandez-le à votre libraire.

Pour en savoir plus, visitez :

www.veroniquedrouin.com
www.courteechelle.com

la courte échelle

LÉON A MAINTENANT

1

Léon et les expressions

Léon et les superstitions

RIGOLONS AVEC LÉON !

Léon et les bonnes manières

Léon et l'environnement

DEUX COLLECTIONS !

2

DÉLIRONS AVEC LÉON !

PARUTION NOVEMBRE 2007

la courte échelle

La tempête

Parce que nous sommes des corneilles,
nous ferons mieux que toute autre créature.

www.courteechelle.com

Bienvenue à MAMMOUTH ACADÉMIE
MAMMOUTH ACADÉMIE
L'ÉCOLE OÙ TOUS LES MAMMOUTHS VEULENT ALLER !
ATTENTION : CES LIVRES SONT VRAIMENT DRÔLES.
la courte échelle
WWW.COURTEECHELLE.COM
Oscar et Arabella
Neal Layton
Oscar et Arabella CHAUD CHAUD CHAUD
NEAL LAYTON
Oscar et Arabella et ORMSBY
Neal Layton
MAMMOUTH ACADÉMIE
Neal Layton
MAMMOUTH ACADÉMIE RIEN NE VA PLUS
Neal Layton
PARUTION AUTOMNE 2007

Les éditions de la courte échelle inc.
5243, boul. Saint-Laurent
Montréal (Québec) H2T 1S4
www.courteechelle.com

Conception, direction artistique et illustrations : Annie Groovie
Coordination : Amélie Couture-Telmosse
Collaboration : Amélie Couture-Telmosse et Philippe Daigle
Révision : André Lambert et Valérie Quintal
Infographie : Nathalie Thomas
Muse : Franck Blaess

Une idée originale d'Annie Groovie

Dépôt légal, 2e trimestre 2007
Bibliothèque nationale du Québec

Copyright © 2007 Les éditions de la courte échelle inc.

La courte échelle reconnaît l'aide financière du gouvernement du Canada par l'entremise du Programme d'aide au développement de l'industrie de l'édition pour ses activités d'édition. La courte échelle est aussi inscrite au programme de subvention globale du Conseil des Arts du Canada et reçoit l'appui du gouvernement du Québec par l'intermédiaire de la SODEC.

La courte échelle bénéficie également du Programme de crédit d'impôt pour l'édition de livres — Gestion SODEC — du gouvernement du Québec.

Catalogage avant publication de Bibliothèque et Archives Canada

Groovie, Annie

Délirons avec Léon !

Pour enfants de 8 ans et plus.

ISBN 978-2-89021-945-8

I. Titre.

PS8613.R66D44 2007 jC843'.6 C2006-942113-7
PS9613.R66D44 2007

Imprimé en Malaisie